Pia Pedevilla

Kunterbunte Früchtchen

Pia Pedevilla lebt in Bruneck (Südtirol). Seit Jahren ist sie im Bereich der Illustration tätig und entwirft Holz- und Stoffspielzeug sowie didaktische Spiele für Kinder im Vorschulalter. Im frechverlag hat sie mehrere Bücher über verschiedene Arbeitstechniken veröffentlicht. Mehr erfahren Sie unter www.piapedevilla.com.

Texte: Traudi Prenn
Fotos: frechverlag GmbH, 70499 Stuttgart;
Fotostudio Ullrich & Co., Renningen

Dieses Buch enthält:
2 Vorlagenbogen

Materialangaben und Arbeitshinweise in diesem Buch wurden von der Autorin und den Mitarbeitern des Verlags sorgfältig geprüft. Eine Garantie wird jedoch nicht übernommen. Autorin und Verlag können für eventuell auftretende Fehler oder Schäden nicht haftbar gemacht werden. Das Werk und die darin gezeigten Modelle sind urheberrechtlich geschützt. Die Vervielfältigung und Verbreitung ist, außer für private, nicht kommerzielle Zwecke, untersagt und wird zivil- und strafrechtlich verfolgt. Dies gilt insbesondere für eine Verbreitung des Werkes durch Film, Funk und Fernsehen, Fotokopien oder Videoaufzeichnungen sowie für eine gewerbliche Nutzung der gezeigten Modelle.

| Auflage: | 5. | 4. | 3. | 2. | 1. | Letzte Zahlen |
| Jahr: | 2006 | 2005 | 2004 | 2003 | 2002 | maßgebend |

ISBN 3-7724-2990-4 · Best.-Nr. 2990

© 2002
frechverlag GmbH, 70499 Stuttgart
Druck: frechdruck GmbH, 70499 Stuttgart

Der Herbst ist reich an Früchten, Beeren, Blättern, Kapseln und Zapfen und herrlichen bunten Farben. Ich lebe in Südtirol in einer Umgebung, wo die Farben der Natur den Lauf der Zeit noch stark prägen. Im Herbst genieße ich Spaziergänge in Wald und Feld, bei denen ich viele kleine Schätze sammle. Mit etwas Phantasie und kombiniert mit anderen Bastelmaterialien entstehen daraus schnell lustige, freche Figuren und herbstliche Dekorationen für verschiedenste Anlässe, zum Verschönern der Wohnung oder zum Dekorieren für drinnen und draußen an Halloween. Da in der Natur selten ganz gleiche Dinge vorkommen, werden Ihre Fundstücke meist anders aussehen als meine. Die gezeigten Vorschläge sollen daher für Sie und Ihre Kinder Anregungen sein, selbst kreativ zu werden und die vielfältigen Gestaltungsmöglichkeiten des Herbstes auszuschöpfen.

Sammeln Sie Naturmaterialien aber bitte immer umweltverträglich und nur vom Boden auf. Die meisten Früchte und Blätter fallen ja von alleine ab. Kürbisse erhalten Sie auf den Wochenmärkten, beim Gärtner oder im Fachhandel.

Viel Spaß beim herbstlichen Sammeln und Basteln!

Materialliste

- Naturmaterialien wie: Blätter, Zapfen, Zweige, Beeren, Kastanien, Nüsse, Körner, Samen, Flechten etc.
- Zier- und Speisekürbisse
- Bast in verschiedenen Farben
- Tonkarton und Tonpapier
- Karton für Schablonen
- Naturpapiere
- Wellpappe
- Filz
- Strickschlauch
- Biegeplüsch (Chenilledraht)
- Federn
- Kordeln, Bänder
- Holzperlen
- Holzstreuteile
- Wackelaugen
- Knöpfe
- Klebepunkte
- Schere, Zackenschere
- Cutter, Linolschnittmesser
- Klebstoff (z.B. UHU Hart) oder Heißklebepistole
- Nadel, Faden
- Prägenadel
- Filzstifte in Schwarz und Rot
- Buntstifte
- Lackstift in Weiß
- Acrylfarben oder Terrakotta-Pen

Bitte beachten Sie auch die Hinweise beim jeweiligen Modell.

Naturmaterialien

Viele Gegenstände und Motive aus diesem Buch wurden mit Material aus der Natur gearbeitet. Manche Teile wurden getrocknet und gepresst verwendet, andere frisch: verschiedene Blätter und Zapfen, Äste und Zweige, Beeren und Früchte, Kastanien, Nüsse und Mandeln, Körner und Samen, Kartoffeln, Maiskolben, Mohnkapseln, Trockenblumen, Zier- und Speisekürbisse, Naturfasern, Islandmoos und Flechte – kurzum alles, was den Herbst so reich und bunt macht. Blätter trocknet und presst man am einfachsten, indem man sie in Zeitungspapier zwischen Bücher legt. Beeren legt man in einem luftigen Raum auf Zeitungspapier aus.

Augen und Nasen vieler Figuren bestehen aus Beeren und Früchten wie Hagebutten, den schönen roten Früchten der Wildrose, Vogel- und Wacholderbeeren. Sie können aber auch durch rote und schwarze Holzperlen ersetzt werden oder man malt sie einfach auf.

Die natürlichen Materialien, die Sie teilweise auch im Fachhandel erhalten, lassen sich hervorragend mit Tonkarton, Wellpappe, Naturpapieren etc. kombinieren.

Übertragen der Vorlagen und Fertigstellung der Motive

1. Mit einem Bleistift werden die einzelnen Motivteile vom Vorlagenbogen ohne Überschneidungen auf Transparentpapier übertragen oder man kopiert die gewünschte Vorlage. Das Motiv klebt man dann auf einen dünnen weißen Karton und schneidet die Teile exakt aus. Fertig sind die Schablonen!

2. Die Schablonen werden auf das Papier oder den Karton in der gewünschten Farbe aufgelegt, mit einem Bleistift umfahren und dann ausgeschnitten.

3. Die meisten Motive bestehen aus mehreren Teilen. Nach dem Ausschneiden werden alle Teile mithilfe des Vorlagenbogens positioniert und dann zusammengeklebt.

4. Das Motiv wird dann dekoriert. Die Gesichter sind bei allen Figuren aufgemalt. Die Augen werden mit schwarzem Filzstift aufgetragen, dabei wird meist ein weißer Lichtpunkt ausgespart oder mit Lackstift aufgesetzt. Der Mund wird mit rotem Filzstift gezeichnet, die Wangen mit rotem Buntstift gemalt. Ein bunter Schal, Knöpfe und Filzteile geben den letzten Pfiff.

5. Motive, die frei hängen, sind hübscher, wenn sie beidseitig gearbeitet werden. Dazu werden alle Teile doppelt, einmal spiegelverkehrt, ausgeschnitten.

Hinweis:
Damit die unterschiedlichen Materialien gut aneinander haften, muss ein starker Klebstoff verwendet werden, am besten Heißkleber. Dieser gehört aber nicht in Kinderhände! Auch mit dem Cutter und dem Linolschnittmesser sollten Kinder nicht ohne Beaufsichtigung arbeiten.

Kartoffelkönig und Maisprinzenpaar

Maisprinzenpaar

Zuerst biegt man die Blätter am Kolben nach unten und befestigt am oberen Ende mit Heißkleber den doppelten Aufhängefaden. Darüber werden zusätzliche Fasern für die Haare sowie die fertiggestellten Kronen aus Naturpapier fixiert. Die Prinzessin hat längere Haare, der Prinz einen Schnauzbart, der unter der Nasenbeere angeklebt wird. Die Augen sind aufgeklebte Wacholderbeeren. Um den Hals bekommt die Prinzessin eine aufgefädelte rote Maiskette, der Prinz eine Bastschleife.

Material
- Frische Maiskolben mit Blättern und Fasern
- Kartoffel
- Einige Büschel Maisfasern
- Rote Maiskörner (Ziermais)
- Vogel-, Wacholderbeeren
- Wellpapperest: gelb
- Naturpapierrest: weiß
- Bastfaden in Braun, 1,5 m lang
- Schaschlikstäbchen, ø 3 mm, ca. 25 cm lang
- Filzstift: rot
- Nadel und Faden

Vorlagenbogen 1A

Kartoffelkönig

Aus einem frischen Maiskolben wird mit einem Messer eine Scheibe geschnitten und auf das Stäbchen geschoben. Dieses sticht man dann in die Kartoffel und bindet eine Bastschleife zwischen Scheibe und Kartoffel. Der König bekommt Augen aus Wacholderbeeren und eine Vogelbeere als Nase. Der Mund wird mit Filzstift aufgemalt. Die Haare sind aus Maiskolbenfasern, darauf wird die Krone befestigt, die aus Wellpappe zugeschnitten und zusammengeklebt wurde.

Hexe Leni

Motivhöhe
ca. 16 cm (Hexe)

Material
- Tonkarton in A4: hautfarben, schwarz, violett, blau, grün mit blauen Punkten
- Regenbogentonkarton-Rest: gelb
- Wellpappe in A4: blau mit weißen Punkten
- Sisal in Orange
- Naturbast
- Papierband: grün, ca. 15 cm lang
- Kordel: rot, ca. 15 cm lang
- Biegeplüsch: rot
- 1 Klebepunkt: weiß, 8 mm
- Ast, ø 5 mm, ca. 30 cm lang
- Filzstift: rot, schwarz
- Buntstift: rot
- Lackstift: weiß

Vorlagenbogen 1A

Zuerst werden alle Einzelteile vom Vorlagenbogen auf Tonkarton etc. übertragen und ausgeschnitten. Das Gesicht wird mit Filzstiften und Buntstift aufgemalt. Mithilfe des Vorlagenbogens werden die Teile richtig positioniert und zusammengeklebt. Die Sisalhaare müssen unter dem Hut fixiert werden und die roten Biegeplüschbeine hinter dem Rock. Der grüne Schal ist um den Hals geknüpft. Jetzt fehlt der Hexe nur noch der Besen. Um den Ast wird mit der roten Kordel ein Büschel Bast festgebunden und der Besen dann mit Heißkleber hinter dem Körper fixiert. Ein Rabe aus Tonkarton fliegt auch noch mit.

Hängelaternen

Zuerst wird der Tapetenkleister nach Angaben des Herstellers angerührt. Die Luftballons in der gewünschten Größe aufblasen und verknoten. Das gelbe Transparentpapier wird in ca. 4 cm x 4 cm große Stücke gerissen und mit den Händen auf die Ballons gekleistert: erst einkleistern, dann Papier aufstreichen. Kleben Sie wenigstens 5-6 Schichten übereinander, denn mit jeder Schicht erhöht sich die Stabilität der Laterne. Bei der letzten Schicht können Sie mit orangefarbenem Transparentpapier Muster einarbeiten. An einem Faden aufgehängt muss die Laterne jetzt ein paar Tage trocknen, danach wird der Ballon aufgestochen und vorsichtig aus der Hülle gelöst. Der obere Rand der Laterne kann zackig, wellenförmig oder gerade beschnitten werden. Ein seitlich eingestochener und mit dem eigenen Ende verdrehter Blumendraht dient später zum Aufhängen. Jetzt können noch getrocknete Blätter und Vogelbeeren aufgeklebt werden. Innen fixiert man ein Teelicht.
Für den Blumenstecker wird unten ein Loch eingestochen und ein Schaschlikstäbchen durchgeschoben. Dieses steckt in dem Teelicht. Das Gesicht wird mit einer Nagelschere herausgeschnitten, in die seitlichen Löcher werden Haarbüschel aus Bast eingeknüpft.

Material

- Luft- und Wasserballons
- Transparentpapier in A2: orange, gelb
- Tapetenkleister
- Blumendraht, ca. 3 m
- Schaschlikstäbchen, ø 3 mm, ca. 25 cm lang
- Bast: rot, ca. 2 m
- Ahornblätter und Vogelbeeren
- Teelichter

Frau Vogelscheuche

Motivhöhe
ca. 25 cm

Vorlagenbogen 1A

Material
- Tonkarton in A4: schwarz, weiß, blau-weiß kariert
- Regenbogentonkarton in A4 (Gelbverlauf)
- Naturpapier in A4: braun, rot
- Packpapier: hellbraun
- Naturbast
- Einige Getreideähren
- Filzreste: blau, rot
- Nadel und Wollfaden: gelb
- Filzstift: schwarz, rot
- Buntstift: rot
- Lackstift: weiß
- 2 Klebepunkte: weiß, ø 8 mm
- Holzblüte
- Feder: schwarz

Alle Teile werden zuerst ausgeschnitten und das Gesichtchen wird aufgemalt. Die Gesichtsform aus Packpapier wird zuerst auf weißen Tonkarton geklebt, da das Packpapier allein zu dünn ist. Bevor der Kopf in die eingeschnittene Hutkrempe geschoben und dort fixiert wird, müssen die Basthaare angeklebt werden. Danach werden alle Teile positioniert und zusammengestellt. Der Schal aus Filz kommt um den Hals und wird mit diesem auf das Kleid geklebt, die Ärmel werden mit etwas Wollfaden zusammengebunden, die Filztasche ist aufgenäht. In ihr stecken ein Rabe und einige Getreideähren.
Auf dem linken Arm hat sich ein zweiter Rabe platziert, der mit einer Feder geschmückt ist.
Die Bastfäden am Rocksaum werden auf der Rückseite angebracht. Die Figur ist doppelt gearbeitet und wird daher auf der Rückseite mit einem Kleidteil geschlossen. Dieses verdeckt auch alle Klebestellen.

Wichtelmännchen

Material
- 2 Holzstämme mit abgeschrägter Schnittfläche
- 2 runde Holzscheiben
- Kleines Körbchen
- Holzstreuteile „Fliegenpilze"
- Filzstück in A4: rot
- Strickschlauch: rot, ca. 10 cm lang, 4 cm breit
- Kordel: hellbraun, 50 cm lang
- Wasserfester Filzstift: rot, schwarz
- Naturmaterial: Kiefern- und Erlenzapfen, Haselnuss, Bucheckerkapsel, Hagebutten, Wildrosenfrucht, Wacholderbeeren, Gewürznelke, Ästchen, Flechte oder Islandmoos

Auf die Schnittflächen werden Wacholderaugen, eine Hagebuttennase und ein langer Bart aus Islandmoos oder Flechte angeklebt. Das rote Filzstück für die Mütze wird zuerst am Rande ca. 5 mm umgeschlagen, hinten zusammengeklebt und auf den Kopf geschoben, der rote Strickschlauch bei dem zweiten Wichtel wird direkt darübergestülpt und beide Mützen werden am oberen Rand mit den Kordeln zusammengebunden. Die zwei Astarme werden in seitlich dafür gebohrte Löcher eingeklebt. Die Arme werden noch mit weiteren Flechtenstücken verziert, das Körbchen wird mit Flechte und Pilzen bestückt und am Arm angebracht.

Die auf die Holzscheiben geklebten Zapfenzwerge bekommen Köpfchen aus einer Haselnuss mit Bucheckermütze oder Wildrosenfrucht, die Gesichtchen werden mit Filzstift angemalt und die Arme aus Erlenzapfen beidseitig unter eine Zapfenschuppe geklebt.

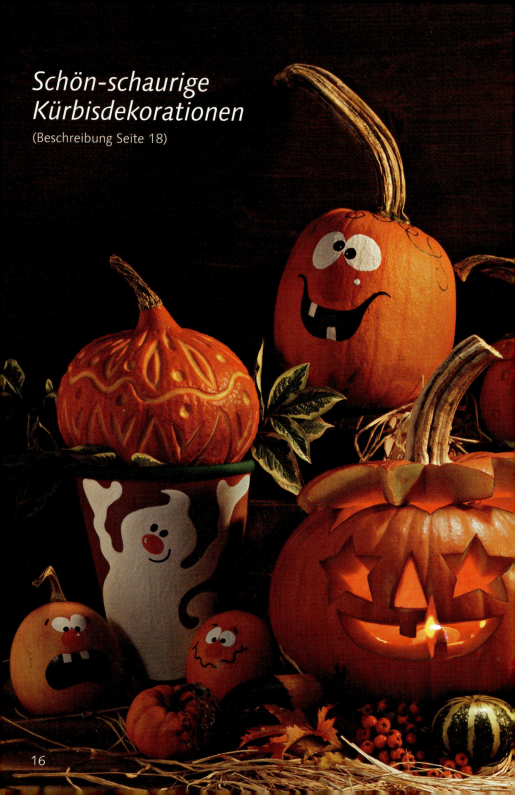

Schön-schaurige Kürbisdekorationen
(Abbildung Seite 16/17)

Material
- Verschiedene Kürbisse
- 2 Terrakotta-Töpfe, ø 12 cm und 9 cm hoch, ø 15 cm und 19 cm hoch
- Cutter, Küchenmesser, Linolschnittmesser, Löffel
- Prägenadel
- Terrakotta-Pen oder Acrylfarbe: weiß, rot, hell-, dunkelgrün, orange
- Wasserfester Filzstift oder Terrakotta-Pen: schwarz
- 2 Wackelaugen, ø 1 cm

Vorlagenbogen 1B

Leuchtende ausgehöhlte Kürbisse

Bei diesen Kürbissen wird zuerst ein sternförmiger oder runder Deckel ausgeschnitten und das Innere mit einem Löffel ausgeschabt. Auf dem Vorlagenbogen finden Sie verschiedene Gesichter in verschiedenen Größen. Kopieren Sie das zu Ihrem Kürbis passende, legen Sie es auf, fixieren Sie es mit Klebeband und stechen Sie mit einer Prägenadel die Umrisse durch. Das Motiv wird jetzt abgelöst und die durchgestanzten Konturen werden mit einem Cutter ausgeschnitten. Wird das Linolschnittmesser eingestochen und um sich selbst gedreht, entstehen kreisrunde Öffnungen. Ein hineingestelltes Licht lässt die Kürbisse schaurig leuchten.

Kürbisverzierungen

Mit einem Linolschnittmesser kann man auch graphische Muster in die Außenhaut schneiden. Dazu werden die Linien und Muster zuerst mit einem wasserfesten Filzstift vorgezeichnet. Ein so verzierter Kürbis liegt auf dem mit einem Gespenst bemalten Terrakotta-Topf. Man kann Kürbisse aber auch mit Terrakotta-Pen oder Acrylfarbe und Pinsel bemalen, genauso wie die Töpfe. Die Motive werden vom Vorlagenbogen mit Kohlepapier auf die Töpfe übertragen.
Nach dem Trocknen können Feinheiten mit einem schwarzen wasserfesten Filzstift oder Terrakotta-Pen aufgezeichnet werden.

Mohnprinz

Auf eine Physalislaterne wird ein rotes Blatt geklebt und darauf die Mohnkapsel als Köpfchen. Dieses erhält eine rote Vogelbeere als Nase angeklebt, Augen und Mund werden aufgemalt. Unter der Krone wird beidseitig ein schmaler Streifen Wellpappe als Haarlocke angeklebt. Dafür wird der Streifen mit waagrecht verlaufenden Rillen vorher eng um ein Stäbchen gewickelt. Die Hände werden zum Schluss noch eingesteckt und angeklebt.

Material

- Wellpapperest: naturfarben
- Filzstift: schwarz
- Naturmaterialien: Mohnkapsel, Physalislaterne, Erlenzapfen, Vogelbeere, rotes Blatt

Vorlagenbogen 1A

Kürbisfigur
(Anleitung Seite 20)

Kürbisfiguren

(Abbildung auch auf der Titelseite und auf Seite 19)

Für die verschiedenen Figuren habe ich mich von der Form und Farbe der Kürbisse inspirieren lassen. Schauen Sie die Kürbisformen an, dann entstehen fast von selbst die Ideen!
Die Verbindung von Körper und Kopf wird stets durch ein Stück Schaschlikstäbchen geschaffen, das mit etwas Klebstoff in ein vorher gebohrtes Loch gesteckt wird. Für die Haare habe ich farbige Sisalfäden angeklebt und manchmal eine Kopfbedeckung darüber, die Arme sind eingestochene Ästchen. Aufgefädelte Vogelbeeren werden zur Halskette, Blätter zu einer Halskrause. Die Gesichter sind aufgemalt. Der Kopf des Sultans (Seite 21) besteht aus zwei verschiedenen Kürbisteilen, die passend zusammengestellt wurden. Das Titelmädchen hat eine Filzschleife im Haar.

Material

- Verschiedene Zier- und Speisekürbisse
- Kleine Äste
- Schaschlikstäbchen, ø 3 mm
- Sisalfäden: braun, orange, gelb
- Kleiner Strohhut
- Terrakotta-Pen oder Lackstift: rot, schwarz, weiß
- Filzrest: grün
- Physalislampion, Vogelbeeren, verschiedene Blätter
- Wackelaugen, ø 7 mm
- Faden in Weiß und Nadel

Hinweis:
All diese lustigen Figuren sind leider nur für eine begrenzte Zeit haltbar; sie fangen vor allem in warmen Räumen schnell an zu schimmeln.

Kalli, der Akrobat

Motivhöhe
ca. 23 cm

Material:
- Tonkarton in A4: weiß
- Tonpapierreste: rosa, schwarz, gelb-rot gestreift
- Naturpapier in A5: blau
- Filzrest: grün
- 2 Holzknöpfe, ø 15 mm
- Nadel und roter Faden
- Filzstift: schwarz, rot
- Buntstift: rot

Vorlagenbogen 1B

Die einzelnen Teile werden ausgeschnitten und dann wird das Gesicht aufgemalt. Die schwarze Nase und das rosarote Innenohr sind aufgeklebt. Die Teile mithilfe des Vorlagebogens positionieren und fixieren. Die Knöpfe können aufgenäht oder -geklebt werden. Um den Hals wird die grüne Filzschärpe geschlungen und auf dem Pullover fixiert. Der Flicken wird auf der Hose befestigt. Die Händchen werden leicht umgebogen und an den Holzstücken der Kette angeklebt.
Die Figur kann auf der Rückseite gegengleich mit Pulli und Hose gearbeitet werden. Sie brauchen diese Teile dann doppelt.

Herbstkette
(Materialliste und Anleitung auf Seite 30)

Nusspferdchen und Eichhörnchen
(Vgl. Abbildung Seite 2)

Eichhörnchen

Die Kastanie wird mittels eines Zahnstochers mit der vorher angebohrten Eichel verbunden (siehe Pferdchen). Aufgeklebte Bucheckerohren, gemalte Augen und ein bunter Filzschal geben jedem Tierchen Ausdruck. Ein unten angeklebter Streifen brauner Biegeplüsch wird zum buschigen Schwanz. Die Eichhörnchen sitzen auf einem dünnen Ast.

Pferdchen

Eine Walnuss wird in die zwei Hälften geteilt und ausgehöhlt. An einen Schalenrand werden dann die zwei Erlenzapfen als Beinchen, der Schweif aus Naturbast und der Zahnstocher als Halsteil angeklebt und die zwei Hälften wiederum geschlossen. In die Eichel bohrt man zuerst mit der Scherenspitze ein kleines Loch und schiebt sie dann mit

Material
- 3 Zahnstocher
- Naturbast, 10 cm lang
- Filzstift: schwarz
- Bunte Filzstreifen, 10 cm lang, 5 mm breit
- 2 Streifen Biegeplüsch: braun
- Naturmaterialien: Nüsse, Eicheln, Bucheckersamen, Kastanien, gebogene Ästchen, Erlenzapfen

Vorlagenbogen 1A

Klebstoff auf den Zahnstocher. Zwei Bucheckersamen werden die Ohren, die Augen sind gemalt. Um das Halsstück schlingt man noch einen bunten Filzschal.

Hinweis:
Beachten Sie die Skizzen auf dem Vorlagenbogen!

Hungrige Mäuschen

Material
- 2 weiße Zierkürbisse
- 2 Kastanien
- Pompons: 2 x braun, ø 15 mm, 4 x schwarz, ø 7 mm
- Sehr dünne Ästchen oder Design-Draht: braun, 70 cm lang
- Gedrehte Kordel: hellbraun, ca. 30 cm
- Stecknadeln ohne Kopf

Die Einzelteile werden alle mit Heißkleber aufgesetzt. Zuerst klebt man die Barthaare an, darüber das braune Pomponnäschen, dann die schwarzen Äuglein und die ausgehöhlten Kastanienhälften als Ohren. Für einen besseren Halt kann man diese eventuell mit Stecknadeln zusätzlich fixieren. Das Schwänzchen wird mit Klebstoff in eine zuerst mit der Scherenspitze gebohrte Öffnung eingesteckt und zurechtgebogen.

Fleißiger Igel

Motivhöhe
ca. 23 cm

Vorlagenbogen 2A

Material
- Tonkarton in A5: hautfarben, braun, dunkelbraun, blau, hellgrün, rot
- Regenbogentonpapier (Gelbverlauf)
- Wellpappe in A5: naturfarben
- Tonpapierreste: schwarz, grün
- Moonrockpapier in A5: gelb
- Bast: braun, grün
- Holzknopf, ø 2 cm,
- Holzäpfelchen
- Schleifenband: rot-weiß kariert, 25 mm breit, 20 cm lang
- Wollfaden: rot
- Filzstift: rot, schwarz, grün
- Buntstift: rot
- Lackstift: weiß
- Blätter und Vogelbeeren

Alle Teile werden zuerst ausgeschnitten. Das Gesichtchen wird gemalt und erhält ein schwarzes Tonkartonnäschen. Die Basthaare werden zuerst zur Stabilisierung auf ein braunes Tonpapierteil geklebt, dann in der gewünschten Länge abgeschnitten und hinter das Köpfchen geklebt.
Jetzt die einzelnen Körper- und Kleiderteile des Igels in der richtigen Folge zusammenkleben, mit einem roten Wollfaden den Frühstücksapfel anhängen und den Schal um den Hals schlingen.
Auf das braune Rad wird der Knopf genäht oder geklebt und das fertige Rad dann am Schubkarren befestigt. Die Verbindung zwischen Hand und Karren ist ein in der richtigen Position angeklebter Wellpappestreifen. Von der Karrenrückseite werden Blätter und Vogelbeeren und der aus Regenbogenpapier ausgeschnittene Apfel fixiert. Auf letzterem klebt eine Raupe. Sie hat eine aufgesetzte grüne Haube, zwischen Körper und Haube werden die zwei grünen Bastfäden eingelegt, deren Enden geknotet werden. Die Körperlinien sind mit Filzstift aufgemalt.

Blätterbilder

Das Vorgehen ist bei allen drei Bildern gleich: Um das oberste weiße Naturpapier werden bunte Randstiche genäht. Damit Kinder dies leichter schaffen, kann man die Einstichlöcher mithilfe des darübergelegten Vorlagenbogens und einer Prägenadel auf einer weichen Unterlage zuerst durchstechen. Jetzt legt man dieses fertige Teil auf das nächste bunte Papier. Dieses bekommt einen Zackenrand und wird dann auf das unterste größte Papierstück geklebt. Hier wird der Aufhängefaden durchgestochen.

Eule

Der Eulenkörper wird aus beigem Naturpapier geschnitten und aufgeklebt, darüber fixieren Sie das bunte Ahornblatt, den braunen Papierkopf, den gelben Schnabel und das orangefarbene Kopfteil. Zwei kleine Mohnkapselkrönchen werden mit eingeklebten roten Pompons zu den Augen. Die Eule sitzt auf einem dünnen angeklebten Ast mit zwei roten Papierröllchen für die Füße.

Zwerg

Verschiedene Blätter beliebig anordnen und aufkleben. Für den Zwerg werden passende Blätter etwas zurechtgeschnitten und mit einem Gesicht versehen. Für die Ärmchen werden zwei feine Blattstängel eingesteckt und fixiert. Die Pilze nicht vergessen!

Mandala

Ovale Blätter, die ungefähr die gleiche Länge haben, werden sternförmig aufgeklebt. Die Mitte bildet die abgeschnittene Basis einer Physalislaterne.

Motivgröße
14 cm x 14 cm bis 21 cm x 21 cm

Material
- Naturpapier in A4: gelb, weiß, rot, bordeauxrot, hell-, dunkelorange, grün, braun, beige
- Nadel und Wollfaden: gelb, rot, grün
- Prägenadel
- Verschiedene getrocknete und gepresste Blätter
- Holzstreuteilchen „Fliegenpilze"
- 2 Pompons: rot, ø 7 mm
- Ast und feine Blätterstängel
- Physalislaternen
- 2 kleine Mohnkapseln
- Filzstift: schwarz und rot
- Zackenschere

Vorlagenbogen 2A

Mein Tipp
Auf diese Art und Weise lassen sich auch wunderschöne Karten gestalten. Verwenden Sie fertig gekaufte oder schneiden Sie einfach diese Vorlagen doppelt zu (gefalzter Karton), dann erhalten Sie Klappkarten.

Amselmobile

Der Vogelkörper aus Tonkarton wird jeweils doppelt benötigt. Vor dem Zusammenkleben der zwei Hälften werden ein auch unten durchhängender Bindfaden, die schwarze Schwanzfeder und der gelbe Schnabel eingelegt. Danach wird eine Körperseite mit Weißleim bestrichen und großzügig mit Nigersamen bestreut, der Schnabel nach dem Trocknen mit Maismehl. Die Rückseite wird in gleicher Weise gearbeitet. Die Wackelaugen werden mit Heißkleber aufgesetzt. Die Wattekugel steckt man am einfachsten auf ein Stäbchen, taucht sie in den Leim und wälzt sie dann in Hirse- oder Senfkörnern. Nach dem Trocknen wird sie ebenso wie die Vogelbeeren mit einer Stopfnadel auf den Bindfaden gefädelt. Die einzelnen Stücke dann noch an den waagrechten Ast knüpfen, der einen zusätzlichen Aufhängefaden bekommt. Ein Vogelbeersträußchen wird unten an ein Bindfadenende geknüpft.

Motivhöhe
ca. 6 cm pro Amsel

Material
- Tonkarton in A4: schwarz
- Tonkartonrest: gelb
- 3 schwarze Federn
- 6 Wackelaugen, ø 1 cm
- Ästchen vom Vogelbeerbaum und Vogelbeeren
- 1 Wattekugel, ø 3 cm
- Maismehl, schwarzer Nigersamen (Vogelfutter), Hirse- oder Senfkörner
- Starker Bindfaden, ca. 1,5 m lang und Stopfnadel
- Weißleim

Vorlagenbogen 2B

Bunte Herbstketten

(Vgl. Abbildung Seite 22/23 und Seite 32)

Auf einen langen Faden können alle Dinge nach Belieben aufgefädelt werden. Schön sind aufgerollte oder umgebogene Blätter. Durch kurze, dünne Holunderhölzchen kann der Faden mit der Nadel leicht durchgeführt werden. Senkrechte Ketten können mit einem Hölzchen oder einem großen Blatt abgeschlosssen werden.

Hinweis:
Maiskolbenscheiben können nur geschnitten werden, wenn der Mais noch ganz frisch ist!

Material
- Starker Faden und eine längere Nadel
- Hagebutten, Wildrosenfrucht, Maiskörner, Vogel-, Wacholderbeeren, Maisscheiben und -blätter, verschiedene rote und grüne Blätter, Erdnüsse und Mandeln, kleine Paprikaschoten, Erlenzapfen, Holunderstöckchen, Physalislampions

Bunte Herbstketten

(Beschreibung auf Seite 30)